G.-H. HALPHEN.

1844-1889.

GEORGES-HENRI HALPHEN,

né le 3o octobre 1844, à Rouen (Seine-Inférieure),
décédé à Versailles le 21 mai 1889.

INSTITUT DE FRANCE.

NOTICE

sur

G.-H. HALPHEN

Par M. É. PICARD.

PARIS,

GAUTHIER-VILLARS ET FILS, IMPRIMEURS-LIBRAIRES

DU BUREAU DES LONGITUDES, DE L'ÉCOLE POLYTECHNIQUE,

Quai des Grands-Augustins, 55.

1890

NOTICE

SUR

G.-H. HALPHEN,

PAR M. É. PICARD.

Il semble que l'on puisse aujourd'hui distinguer, chez les mathématiciens, deux tendances d'esprit différentes. Les uns se préoccupent principalement d'élargir le champ des notions connues ; sans se soucier toujours des difficultés qu'ils laissent derrière eux, ils ne craignent pas d'aller en avant et recherchent de nouveaux sujets d'étude. Les autres préfèrent rester, pour l'approfondir davantage, dans le domaine de notions mieux élaborées ; ils veulent en épuiser les conséquences, et s'efforcent de mettre en évidence dans la solution de chaque question les véritables éléments dont elle dépend. Ces deux directions de la pensée mathématique s'observent dans les différentes branches de la Science ; on peut dire toutefois, d'une manière générale, que la première tendance se rencontre le plus souvent dans les travaux qui touchent au Calcul intégral et à la théorie des fonctions ; les travaux d'Algèbre moderne et de Géométrie analytique relèvent surtout de la seconde. C'est à celle-ci que se rattache principalement l'œuvre d'Halphen ; ce profond mathématicien fut avant tout un algébriste. Les problèmes difficiles d'Algèbre et de Géométrie énumérative par lesquels il débuta dans la Science, et où une solution n'a de prix que si elle est complète et définitive, l'habituèrent à creuser à fond les questions qu'il étudiait. On retrouve dans tous ses écrits le souci constant de ne rien laisser d'inachevé. Mettant à profit, avec un art consommé, le secours que peuvent se prêter les diverses parties des Mathématiques, il a su pousser jusqu'à leur dernier terme les solutions des problèmes qu'il s'est posés. Son œuvre, si parfaite, laissera dans la Science une trace durable.

Georges-Henri Halphen naquit à Rouen, le 30 octobre 1844 ; il entra à l'École Polytechnique en 1862, et, à sa sortie en 1866 de l'École d'Application de Metz, fut envoyé comme lieutenant d'Artillerie à Auxonne d'abord et ensuite à Strasbourg. Le premier travail mathématique que nous ayons à mentionner date de 1869. Il est relatif à la recherche du nombre des droites communes à deux congruences. Halphen avait trouvé sa voie ; nous allons le voir bientôt attaquer successivement, et avec plein succès, les problèmes les plus difficiles relatifs à la théorie géométrique de l'élimination et à la théorie des courbes algébriques. Travaillant en silence, il s'était initié, pendant les années précédentes, aux méthodes de l'Algèbre et de la Géométrie modernes. Dès cette époque, il était en possession de résultats de la plus haute importance, concernant les courbes gauches algébriques, et les communiquait très succinctement à l'Académie dans les premiers mois de 1870. Nous reparlerons de ce beau Mémoire, que d'autres productions d'Halphen égalent peut-être, mais certainement ne dépassent pas. Maintenant c'est sur un autre terrain que le lieutenant d'artillerie

va déployer son énergie et montrer sa valeur. Il était à Besançon
au mois de juillet 1870 ; après s'être occupé activement de l'arme-
ment de cette place, il arriva à Paris, très souffrant encore d'une
chute de cheval qu'il venait de faire. Malgré l'avis de son médecin,
il partit peu de jours après pour Mézières ; employé d'abord à la
défense de cette ville, il eut la chance de la quitter avant son in-
vestissement complet, et alla retrouver au nord l'armée du général
Faidherbe. Là il prit part à la bataille de Pont-Noyelles, où il fut
fait chevalier de la Légion d'honneur, puis aux batailles de Ba-
paume et de Saint-Quentin. Il était nommé capitaine à la fin de
cette campagne, dans laquelle il s'était signalé par des actions d'é-
clat, qui lui valurent l'honneur d'une citation dans le récit du
général Faidherbe sur les opérations de l'armée du Nord.

En 1872, Halphen se fixe à Paris, où il devient répétiteur à
l'École Polytechnique et reprend ses études scientifiques. De tous
les travaux de cette partie de sa vie, ceux qui lui ont coûté le plus
d'efforts sont relatifs à la théorie célèbre des caractéristiques. A
la suite des recherches de M. de Jonquières et de Chasles, l'étude
des systèmes algébriques de coniques, dépendant d'un paramètre
arbitraire, préoccupait vivement les géomètres. Chasles avait, par
induction, trouvé une loi générale faisant connaître le nombre des
coniques satisfaisant à une condition donnée. Ce nombre se com-
posait d'une somme de deux termes, chacun de ceux-ci étant un
produit de deux facteurs, dont l'un dépendait seulement du système et l'autre de la condition. Halphen, en même temps que plu-
sieurs autres géomètres éminents, s'efforça de démontrer la loi de
Chasles. Il crut même en avoir trouvé une démonstration ; mais,
bientôt après, s'apercevant d'une erreur dans ses raisonnements,
il fut conduit à soupçonner que la loi était inexacte, et reprit l'é-
tude de la question. Après de longues recherches, il eut la satis-
faction d'arriver à la solution complète par une méthode dont on
ne peut trop louer l'originalité. On peut faire correspondre unifor-

mément les coniques d'un système aux points d'une courbe algébrique convenable ; de même, on fera correspondre à la condition donnée une autre courbe algébrique. C'est la considération de ces deux lignes qui conduit Halphen au résultat cherché. En particulier, pour que l'énoncé de Chasles soit exact, il faut et il suffit que l'une d'elles ne passe pas à l'origine des coordonnées. Il en sera toujours ainsi, si le système de coniques ne présente que des singularités ordinaires, c'est-à-dire des singularités qui existent nécessairement dans l'ensemble d'un système et de son corrélatif. Cette distinction entre les singularités ordinaires ou nécessaires et les singularités extraordinaires avait été pour Halphen, au début de ces études, un trait de lumière. Elle lui était bien familière dans une autre théorie, dont il s'occupait en même temps, celle des courbes algébriques, à laquelle il consacra de nombreux Mémoires.

Les points singuliers jouent dans l'étude des courbes algébriques un rôle considérable. Les principes pour la discussion d'une telle courbe dans le voisinage d'un point avaient été établis définitivement par Puiseux. D'autre part, Riemann, dans sa théorie des fonctions abéliennes, avait introduit la notion capitale du genre des courbes algébriques et partagé celles-ci en différentes classes, deux courbes étant de la même classe quand elles se correspondent uniformément. L'illustre géomètre, qui aimait les grands horizons, avait peu insisté sur plus d'un point difficile, en particulier sur ce qui concerne les singularités élevées. Halphen donne une formule générale, applicable à tous les cas, pour la détermination du genre d'une courbe algébrique ; puis, passant à l'étude des courbes d'une même classe, il approfondit une proposition remarquable donnée par M. Nœther, d'après laquelle on peut trouver dans toute classe des courbes n'ayant que des singularités ordinaires. Le savant géomètre allemand employait pour cette transformation une succession de substitutions quadratiques ;

Halphen veut trouver une transformée ayant avec la courbe initiale des rapports géométriques simples : il y réussit de deux manières différentes. Dans une première solution, il établit que toute courbe plane algébrique est la perspective d'une courbe gauche n'ayant qu'un point singulier, et telle qu'en ce point toutes les branches aient des tangentes distinctes ; faisant alors la perspective de cette courbe gauche d'un point de vue arbitraire, il obtient la transformée cherchée. La seconde solution se rattache à l'étude d'une série de courbes analogues aux développées, dans laquelle apparaissent dans tout leur éclat la science profonde et le remarquable talent de notre auteur. Prenant une conique arbitraire dans le plan de la courbe à transformer, il considère en chaque point de celle-ci sa tangente et la polaire du point par rapport à la conique ; le lieu de l'intersection de ces deux droites donne une transformée uniforme de la courbe. Halphen établit qu'après avoir répété un nombre fini de fois cette transformation, on arrivera à une courbe n'ayant plus que des points singuliers ordinaires. Puis il démontre ce théorème si curieux et si caché, qu'à partir d'un certain rang les degrés et les classes des transformées précédentes forment deux progressions arithmétiques de même raison. Ce beau résultat comprend, comme cas particulier, cette étonnante propriété des développées des courbes algébriques, dont les degrés et les classes sont, à partir d'un certain rang, en progression arithmétique.

Ces travaux approfondis sur la théorie des courbes permirent à Halphen de reprendre ses études sur l'élimination. La recherche des points d'une courbe algébrique, qui satisfont à une condition exprimée par une équation différentielle algébrique donnée, se présente en Géométrie dans divers cas particuliers, par exemple dans la recherche des points d'inflexion. La question méritait d'être abordée dans toute sa généralité. Halphen se place au même point de vue que dans la théorie des caractéristiques, c'est-à-dire

cherche à mettre en évidence les éléments relatifs à la courbe e
les éléments dépendant de la condition, qui est ici l'équation différentielle. Pour les équations du premier ordre, la solution est de
même forme que dans le cas classique des caractéristiques ; pour
celles du second ordre, on a encore une formule analogue, mais
renfermant trois termes au lieu de deux. La généralisation semble
immédiate, mais l'analogie tromperait étrangement ; pour les équations d'ordre supérieur, on ne peut plus d'une manière générale
fixer de limite pour le nombre des termes. C'est là un résultat
dont l'intérêt philosophique est très grand ; il montre, avec la dernière évidence, que les singularités élevées des courbes algébriques ne peuvent avoir pour équivalents, dans toute question, un
nombre déterminé de singularités ordinaires indépendant à la fois
de cette question et de la courbe qu'on étudie. Bientôt après, ces
difficiles recherches sont étendues aux courbes gauches, et, dans
quelques cas particuliers, aux surfaces algébriques.

Dans un des Mémoires précédents, Halphen avait rencontré des
équations différentielles restant inaltérées par une transformation
homographique quelconque. Ce nouveau genre d'invariance excita
son intérêt ; il réussit à former toutes les équations jouissant de
cette propriété, et présenta ce travail comme Thèse, en 1878, sous
le titre d'*Invariants différentiels*. L'équation différentielle des
lignes droites et celle des coniques donnaient immédiatement deux
exemples d'invariants. La découverte d'un invariant du septième
ordre, amenée par les considérations géométriques les plus ingénieuses, permit à Halphen de développer la théorie générale, qu'il
étendit ensuite aux courbes gauches.

Ces résultats, si intéressants en eux-mêmes, allaient permettre
à leur auteur d'aborder une importante question de Calcul intégral. Dans deux Notes mémorables, Laguerre venait d'appeler
l'attention des géomètres sur les invariants des équations différentielles linéaires. Halphen voit de suite le rapport qu'il y a entre

ses recherches antérieures et la notion nouvelle introduite par Laguerre; ainsi assuré, en quelque sorte *a priori,* de la possibilité d'édifier une théorie complète des invariants des équations linéaires, il s'attaque à ce nouveau problème et en approfondit tous les détails. Le nombre des invariants absolus distincts d'une équation linéaire est inférieur de deux unités à son ordre; on peut les obtenir d'une manière régulière, en ramenant l'équation à une forme canonique, forme dont l'introduction dans cette question, comme dans certaines théories algébriques parallèles, est bien digne de remarque. Halphen montra l'intérêt de ses recherches au point de vue du Calcul intégral, en apprenant à reconnaître si une équation différentielle linéaire est susceptible d'être ramenée à certains types connus déjà intégrés, au moyen d'un changement de variable et de fonction qui n'altère pas sa forme. On comprend que les relations entre les invariants absolus doivent jouer, dans une telle question, un rôle capital; c'est, en effet, de la nature de ces relations qu'Halphen déduisit la solution du beau problème qu'il s'était posé. L'Académie avait proposé, comme sujet du grand prix des Sciences mathématiques pour 1880, de perfectionner la théorie des équations différentielles linéaires; le prix fut décerné au Mémoire *Sur la réduction des équations linéaires aux formes intégrables.*

Bientôt après, Halphen remportait un nouveau succès académique. L'Académie des Sciences de Berlin avait mis au concours, pour le prix Steiner de 1882, la solution d'une question importante concernant les courbes gauches algébriques. Halphen, nous l'avons dit, possédait, dès 1870, d'importants résultats sur cette théorie; ce lui fut l'occasion de reprendre son travail qui n'avait pas été publié, et de le compléter. Il l'envoya au concours et reçut le prix, qui fut doublé, en même temps que M. Nœther. Cet admirable Mémoire me paraît l'œuvre la plus profonde d'Halphen. Il a réussi à énumérer et à classer en diverses familles les courbes d'un même degré. Dans la théorie si difficile des courbes gauches algébriques, c'est sur l'extension des formules de Plücker qu'avaient d'abord porté les efforts des géomètres ; elle fut obtenue, il y a longtemps déjà, par M. Cayley, et complétée par M. Salmon. Dans ces formules s'introduisent, outre le degré, certains nombres entiers relatifs à la courbe considérée ; mais ceux-ci ne suffisent pas, en général, à distinguer une famille de courbes. Parmi eux, il en est un d'une importance extrême ; c'est le nombre des points doubles apparents. Pour une courbe d'un degré donné, ce nombre a une limite supérieure facile à obtenir. Bien autrement cachée était la limite inférieure ; Halphen réussit à trouver la limite véritable, c'est-à-dire celle qui peut être effectivement atteinte, et démontre ce résultat si saillant que les courbes correspondantes sont situées sur des surfaces du second degré. La classification repose sur la considération de l'ordre minimum d'une surface algébrique passant par la courbe gauche; pour l'obtenir, Halphen introduit différentes fonctions numériques du degré de la courbe, dont les valeurs sont comprises entre le maximum et le minimum que nous venons de signaler, et l'ordre cherché dépend de la place qu'occupe dans cette suite le nombre des points doubles apparents. Les méthodes générales sont appliquées à la classification complète des courbes jusqu'au vingtième degré, et à celle des courbes de degré cent vingt.

Je ne puis parcourir l'œuvre entière d'Halphen : à côté de ces études de longue haleine, dont nous avons essayé de donner une idée, nous pourrions citer d'autres Mémoires de moindre étendue, où nous retrouverions une pensée originale. Mentionnons au moins un travail sur la théorie des séries, qui renferme des résultats inattendus ; une série très générale, procédant suivant certains polynômes entiers, dont chacun est la dérivée du suivant, et qui semble susceptible de représenter des fonctions très variées, ne peut au contraire être employée que pour

le développement de fonctions entières, jouissant elles-mêmes
d'un caractère très spécial. De tels résultats, tout négatifs qu'ils
soient, sont d'un grand intérêt ; ils nous montrent une fois de
plus avec quelle prudence on doit procéder dans l'emploi de nouveaux modes de développements des fonctions. Ces constatations
ont d'ailleurs leur mélancolie, car elles peuvent inquiéter pour
plus d'un développement, usité dans les applications, et dont la
légitimité est pour le moins douteuse.

Ces travaux considérables avaient placé Halphen parmi les
géomètres les plus éminents de l'Europe. Le 15 mars 1886, l'Académie des Sciences, dont il avait été trois fois le lauréat, le
désignait à la presque unanimité des suffrages, pour remplir la
place vacante, dans la Section de Géométrie, par le décès de
M. Bouquet. Halphen était chef d'escadron depuis le 13 juillet 1884, et il avait, peu de temps auparavant, été nommé examinateur d'admission à l'École Polytechnique. Dans ces concours, où
sont en présence de si sérieux intérêts, ce n'est pas une tâche
facile que d'exprimer, par un nombre, son opinion sur la valeur
d'un candidat. Jugeant de ce qu'il sait, on voudrait aussi apprécier
l'effort intellectuel dont il sera plus tard capable ; difficulté d'autant plus grande, qu'une préparation excellente, mais ayant quel-
quefois cherché à tout prévoir, peut provoquer l'illusion. Dans ses
nouvelles fonctions, Halphen montra, dès le début, beaucoup de
pénétration. Enchaînant ses questions avec une grande habileté, il
parcourait sans effort le cycle entier du programme et il a laissé
le souvenir d'un examinateur incomparable.

Tous ceux qui ont approché Halphen ont apprécié ce caractère
noble et loyal, que blessait et irritait la moindre injustice. Quand
l'intérêt de la Science lui paraissait en jeu, il exprimait sans
réserve son opinion. Bienveillant pour les travaux qu'il avait à
juger, quand il croyait y trouver une idée, il aimait peu les géné-
ralisations faciles, qui, disait-il, encombrent la Science.

Au mois d'octobre 1886, Halphen voulut reprendre dans l'armée un service actif, et fut chargé du commandement des batteries au 11ᵉ régiment à Versailles. C'était une lourde tâche qui venait s'ajouter à l'effort considérable que lui demandait en ce moment même la préparation de son Traité sur les fonctions elliptiques.

On ne peut parler sans tristesse de cette Œuvre, interrompue par une impitoyable fatalité, où l'auteur s'était proposé de développer la théorie des fonctions elliptiques sous la forme qui lui paraissait la plus avantageuse pour les applications, et en même temps de donner de celles-ci un tableau complet. Halphen était depuis longtemps familier avec cette théorie. Ses recherches sur les équations différentielles linéaires avaient principalement porté autrefois sur les équations à coefficients doublement périodiques ; plus récemment un Mémoire, sur une courbe élastique, l'avait forcé à faire une discussion approfondie des divers cas qui peuvent se présenter dans le problème de l'inversion. Les deux premiers Volumes seuls ont paru ; le premier est consacré à la théorie générale, le second traite des applications à la Mécanique, à la Géométrie et au Calcul intégral. Ils exerceront une grande influence sur l'enseignement de cette importante branche de la Science. Les questions traitées trouvent là leur solution définitive. Les transcendantes elliptiques y sont maniées avec la même aisance que les fonctions circulaires dans d'autres sujets plus élémentaires ; les formules de cette autre Trigonométrie sont sans doute plus complexes, mais cette complication, tenant à la nature des choses, semble réduite autant qu'il est possible.

Le troisième Volume devait traiter des applications algébriques et arithmétiques ; c'eût été, sans aucun doute, la partie maîtresse de ce bel Ouvrage. C'est là que se serait déployé dans tout son éclat le talent d'Halphen, rompu aux problèmes les plus abstraits de l'Algèbre. Après de laborieux efforts, ce puissant esprit avait enfin triomphé des difficultés énormes que présentait un tel sujet, et il allait se mettre à la rédaction définitive. Le temps ne devait pas lui être donné pour achever son œuvre. Le 21 mai dernier, il était enlevé à l'affection des siens, après une courte maladie, à l'âge de quarante-quatre ans. Ce fut un deuil cruel pour la Science française, dont il était un des plus éminents représentants, et aussi pour notre armée qui perdit en lui un officier supérieur du plus grand avenir. Tous les amis d'Halphen garderont le souvenir de cet homme de cœur, qui mourut avant l'heure en travaillant noblement pour la Science et pour son pays. Sa vie trop courte aura du moins été bien remplie : il laisse un nom et une œuvre qui ne périront point.

16171. Paris — Imprimerie GAUTHIER-VILLARS ET FILS, quai des Grands-Augustins, 55.